20 Minuten Rezepte

vegetarisch & vegan

Einfach, schnell und gesund kochen

Auflage 2018 Juni
ISBN-13: 978-1722101251
ISBN-10: 1722101253

Copyright © 2018 Mira Brand

Webseite www.mira-brand.de
Email: mira@mira-brand.de
Infos zu Impressum:

Mira Brand

c/o Werneburg Internet Marketing und Publikations-Service
Philipp-Kühner-Straße 2
99817 Eisenach
Gestaltung : Martin Müller
Bilder:Shutterstock/Pixabay Photography

Newsletter Eintrag für Neuerscheinungen,
bitte per Email Anfrage an:
newsletter@mira-brand.de

Mira Brand

20 Minuten Rezepte

vegetarisch & vegan

Einfach, schnell und gesund kochen

Inhaltsverzeichnis

Alle Rezepte sind auf 2 Personen ausgelegt, und entweder vegetarisch oder vegan.

Ich wünsche viel Spaß beim schnellen und gesunden kochen.

Zutaten, die du vielleicht nicht kennst:

Trester sind die vorwiegend festen Rückstände, die nach dem Auspressen des Saftes von Obst, Gemüse oder Pflanzen übrig bleiben

Tamari ist eine japanische, etwas stärkere Sojasauce (natürlich und glutenfrei)

Carob Creme ist ein vollwertiges veganes Rohkost Mus.

Veganer Hot Dog mit Salat

Zutaten:

4 Hotdog-Brötchen

Vegane Bratwürstchen

1 rote Paprika, 1 gelbe Paprika, 1 grüne Paprika

1 Knoblauchzehe, zerdrückt

200g Curry-Tomatensauce (aus dem Glas)

Senf aus dem Naturkostladen

2 Tomaten

1 Gurke

Ein paar Blätter vom Kopfsalat

Gemüsebrühe

Zubereitung:

Die Paprikas in längliche, dicke Streifen schneiden. 5 Minuten in etwas Wasser mit Gemüsebrühe vorkochen. Danach mit der zerdrückten Knoblauchzehe in einer Pfanne gar braten, dabei wenden. Die Brötchen im Backofen erwärmen bis alles andere fertig ist. Paprikas herausnehmen und beiseite stellen. Die veganen Würstchen in die Pfanne geben und braten, bis sie anbräunen. Dann 2 Teller mit Salatblättern, Gurkenscheiben und Tomatenscheiben schön belegen. Die Brötchen öffnen um die Füllung hinein zu geben. In jedes Brötchen erst etwas

Curry Tomatensauce geben. Da drauf die Bratwurst legen und gebündelt in jedes Brötchen darüber ein paar längliche Paprikastücke, jeweils 3 unterschiedliche Farben pro Brötchen. Oben drauf kommt noch der Senf in einer Schlangenlinie, oder wie es beliebt, drüber dekoriert. Gleich servieren.

Apfelrotkohl-Nudelauflauf

Zutaten:

1 Packung Tiefkühl-Apfelrotkohl

300g Vollkorn-Spirelli Nudeln (gekocht, oder vom Vortag)

1 kleines Gläschen Kapern

Thymian

1 Creme Fraiche

Sojasauce

Gouda Käse

Butter

Zubereitung:

Eine Auflaufform gut fetten. In einer großen Schüssel die Nudeln, den Apfelrotkohl, die Kapern, sowie den Creme Fraiche miteinander vermischen. Mit der Sojasauce und den Thymian abschmecken und in die Auflaufform geben. Den Gouda Käse reiben und darüber streuen. Im Backofen bei 180 Grad 15 Minuten backen. Auf 2 Teller servieren.

Bulgur, mit Schafskäse und Oliven

Zutaten:

200g Bulgur

1 Glas gefüllte grüne Oliven.

1 Glas gefüllte schwarze Oliven

1 Dose Mais

Tomatenmark

Getrockneter Oregano

2 Esslöffel Sahne

Tamari

Schafskäse

Frischer Basilikum

Zubereitung:

Den Bulgur in Salzwasser nach Anleitung kochen. In der Zeit den Schafskäse in Würfel schneiden. Eine große Pfanne mit der Dose Mais, den in Scheibchen geschnittenen Oliven und dem Tomatenmark erhitzen. Den fertigen Bulgur untermengen und die Sahne unterheben. Mit Oregano und Tamari würzen. Auf 2 Teller verteilen und noch den Schafskäse drüber streuen sowie mit frischem Basilikum-Blättern dekorieren.

Erdnuss-Kartoffelplätzchen mit würzigem Paprikagemüse

Zutaten:

Ca.5 Kartoffeln vom Vortag

4 Esslöffel Erdnusscrunchy Brotaufstrich aus dem Naturkostladen

3 Esslöffel Mehl

3 Esslöffel zarte Haferflocken

2 Esslöffel Hefeflocken

2 Eier

Tamari

1 Zwiebel

Etwas frische Petersilie

200g Tomatensauce aus dem Glas

400g gemischtes Paprikagemüse tiefgefroren (kann Balkangemüse sein)

Apfelessig

1 Esslöffel Ahornsirup

1 Dose Mais

Thymian

Zubereitung:

Die Kartoffeln mit einer Gabel zu Muß zerdrücken und in eine Schüssel füllen. Die kleingeschnittene Zwiebel hinzugeben und mit Mehl, Hefeflocken, Haferflocken vermengen. Dann mit Eiern und etwas kleingeschnittener Petersilie vermischen. Noch mit Tamari würzen. In einer Pfanne mit Olivenöl immer ein kleines Häufchen geben und mit dem Bratenwender gut flach drücken, höchstens 1 cm dick sollen sie sein. Kräftig anbraten, bis sie leicht bräunen und die Zwiebeln darinnen glasig sind. Immer die fertigen auf einen Teller legen . Nebenbei in einem Topf das Paprikagemüse mit der Dose Mais und der Tomatensauce, Ahornsirup, Apfelessig, bei mittlerer Hitze kochen lassen und zwischendurch immer mal umrühren (5-10 Min.). Mit Thymian und Tamari abschmecken. Das Paprikagemüse in 2 tiefe Teller füllen. Die Plätzchen auf einem kleinen Teller dazu reichen.

Chinesisches Tomatengemüse mit Chinakohl

Zutaten:

1 Packung Chinagemüse mit Sauce tiefgefroren und aufgetaut

200g scharfe Tomatensauce (Im Glas)

Tamari

1 Esslöffel Ahornsirup

Curry

1 Glas Sojasprossen, abgegossen

5-6 frische Champignons

2 Esslöffel Tomatenmark

1 Dose passierte Tomaten

Blätter von 1 Chinakohl

100g geriebener Parmesan zum dekorieren

Zubereitung:

2 tiefe Teller hübsch mit großen Chinakohlblättern im Kreis herum belegen. Das aufgetaute Chinagemüse, die Tomatensauce, Sojasprossen, Champignons, Tomatenmark, passierte Tomaten mit dem Ahornsirup in einen Topf geben und bei starker Hitze erhitzen. Dabei umrühren und mit Sojasauce und Curry abschmecken. Aufkochen lassen und ca. 10 Minuten weiter kochen. Dann kurz etwas abkühlen lassen

und in die mit Chinakohl ausgelegten Teller servieren. Oben drüber noch mit dem geriebenen Parmesan bestreuen

Scharfes Paprika-Gemüse mit Baguette

Zutaten:

1 rote und 1 grüne Paprika

Chili

3 Esslöffel scharfes Curry Ketchup

Etwas Worcestersauce

1 kleine Zucchini

6 frische große Champignons

1 langes Baguette

Goudakäse

Zubereitung:

Das Baguette in der Mitte bis nach unten auf scheiden, so dass es zwei lange Hälften sind. Nun diese 2 Hälften jeweils einmal in der Mitte durch schneiden, so dass man jetzt 4 kurze Baguette Stücke hat. Diese im Backofen etwas vorwärmen. Währenddessen die Paprikas und die Zucchini in Würfel schneiden. In einer Pfanne mit den Champignons braten bis sie leicht bräunen. Schön kräftig mit Chili abschmecken sowie der Worcestersauce und dem Ketchup. Das Blech mit den Baguette aus dem Ofen holen und das Gemüse drauf verteilen. Gouda reiben und drüber geben. 10 Minuten im Backofen bei 180 Grad den Käse schmelzen und leicht bräunen lassen. Servieren.

Ratsherrn-Gemüse

Zutaten:

1 Dose Mais

1 Sellerie

Eine Handvoll getrocknete Aprikosen, eingeweicht

1 rote Paprika

1 Dose Kidneybohnen

2 Esslöffel Sahne

Gemüsebrühe

1 kleine Dose Tomatenmark

Tofuaufstrich

4 Scheiben Vollkornbrot zum servieren

Butter

Worcestersauce

Zubereitung:

Den Sellerie in ganz kleine Stückchen schneiden und in eine Pfanne geben zum dünsten. Die Paprika ebenfalls ganz fein würfeln und auch hinzugeben. Weiter dünsten und die Dose Mais, Dose Kidneybohnen und die kleingeschnittenen

Aprikosenstücke sowie das Tomatenmark hinzugeben. Mit Worcestersauce und Gemüsebrühe würzen. Sahne hineingeben. Umrühren und noch etwas köcheln lassen. In 2 tiefe Teller füllen und die 4 Vollkornbrotscheiben mit Tofuaufstrich bestreichen. In jeweils 3 längliche Stücke schneiden. Auf einem kleinen Teller für jeden zum Gemüse reichen.

Chinesisches-Sandwich mit Chinakohl

Zutaten:

2 Baguette

6 große Champignons

2 Knoblauchzehen

Suppenbrühe

Chinagewürz

1 Glas Bambussprossen, abgegossen

1 Dose Ananas, abgegossen

100g Tomatensauce pikant im Glas

 Ein paar zartere Blätter Chinakohl

Olivenöl

6 Scheiben Goudakäse

Zubereitung:

Die zwei Baguette halbieren und den Deckel sowie das untere vom Baguette nebeneinander auf einem Blech im Backofen vorbacken. Die Knoblauchzehen ganz fein schneiden und mit dem Olivenöl in einer Pfanne blanchieren.

Champignons, Ananas, Bambussprossen hinzugeben und kochen lassen. Dann die Tomatensauce hinzufügen und mit Suppenbrühe und Chinagewürz abschmecken. Nun das Gemüse auf die 2 Baguette verteilen. Die Käsescheiben drüber legen, auch über die Baguette-Deckel. Dann bei 180 Grad, ca. 10 Minuten backen. Bis der Käse etwas bräunt. Herausnehmen und die Chinakohlblätter auf die Baguette-Hälften legen und den Deckel drauf legen. Gleich servieren.

Weiße Bohnen-Sahne-Eintopf

Zutaten;

1 große Dose weiße Bohnen

1 /2 Stange Lauch

Bohnenkraut

Petersilie, ein wenig für die Dekoration übrig lassen

Sahne

1 Esslöffel Mehl

Olivenöl

Pfeffer

Curry

1 Tasse Gemüsebrühe in Wasser gelöst, und Gemüsebrühe zum würzen

Brot als Beilage

Zubereitung:

Den Lauch in kleine Stücke schneiden und in einer Pfanne mit Olivenöl andünsten. Den Esslöffel Mehl drüberstreuen und die Tasse mit Gemüsebrühe hinzugeben, mit einem Schneebesen gut dabei umrühren. Dann die Dose Bohnen hinzugeben und kurz aufkochen lassen Mit den kleingeschnittenen Kräutern und Gewürzen, Petersilie und Bohnenkraut, Curry und Pfeffer sowie Gemüsebrühe abschmecken und die Sahne noch hinzufügen. Gut umrühren und kurz weiter köcheln lassen, dann in 2 tiefe Teller verteilen und noch mit etwas Petersilie bestreut, dekorieren.

Warme, überbackene Kräuter-Brotschnitten

Zutaten:

4 Toastbrotscheiben, ungetoastet

Tomatensoße aus dem Glas

Mozzarella

Petersilie, Basilikum, Dill, etc.

Tamari

Zubereitung:

Die Toastbrotscheiben immer in der Hälfte einmal durchschneiden und mit Tomatensoße bestreichen. Die Kräuter kleinschneiden und die Mozzarella erst in dünne Scheiben und dann in kleine Würfel schneiden. In einer kleinen Schüssel die Kräuter mit den Mozzarellastückchen mischen und mit Tamari würzen. Die Mischung über die bestrichenen Toastscheiben verteilen. Im Backofen backen bis der Mozzarella leicht bräunt. Servieren.

Kichererbsensuppe mit Sahne Top

Zutaten:

Kichererbsen, leicht gekeimt

1 Liter Wasser mit aufgelöster Gemüsebrühe

1 Knoblauchzehe

100g Tomatensoße

100g Sahne

Petersilie, frisch

Meersalz und Pfeffer

Zubereitung:

Die gekeimten Kichererbsen im Mixer mit etwas von der in Wasser aufgelösten Gemüsebrühe und der Knoblauchzehe Mixen. In einen Topf geben und die restliche Gemüsebrühe hineinfüllen, umrühren und erhitzen. Die Tomatensoße hinzugeben und 5 Minuten bei schwacher Hitze köcheln lassen. Die Hälfte Sahne hinein füllen und umrühren. Die Petersilie fein schneiden. Die Hälfte von der Petersilie in den Topf hineingeben. Nochmal gut rühren nach Bedarf noch mit Salz und Pfeffer abschmecken und einen kleinen Moment weiter kochen lassen. Dann in 2 tiefe Teller füllen und in die Mitte von jedem Teller die restliche Sahne dekorativ auf der Suppe verteilen und servieren. Oben drüber noch die andere Hälfte der Petersilie streuen.

Chow mein Nudeln mit Pilzgemüse

Zutaten:

200g Chinesische Nudeln (Chow mein)

1 rote Spitzpaprika

1 Glas eingelegte Paprika

10 große Champignons

1 grüne Paprika

Curry

Sojasauce

Chinesische Gewürzmischung

Olivenöl

Zubereitung:

Die grüne Paprika in große Stücke schneiden, die rote Paprika in dünne Scheibchen. Mit Olivenöl in einer Pfanne andünsten. Chinesische Nudeln mit kochendem Wasser übergießen. 2 Minuten ziehen lassen, sie sollen noch „al dente" sein, dann mit in die Pfanne geben. Kurz braten und alles gut umrühren. Die Champignons hinzugeben und mit Curry Sojasauce und der chinesischen Gewürzmischung würzen. Auf 2 Teller verteilen. Dazu reicht man z.B. Brot.

Linsen-Gulasch mit Reis

Zutaten:

1 große Dose braune Linsen

150g frische Champignons

2 rote Zwiebeln

Basmatireis für 2 Personen

Gemüsebrühe

Thymian

Tamari

Zubereitung:

Den Reis in kochendem Wasser nach Packungsvorgabe kochen. In der Zwischenzeit in einer Pfanne die in Würfel geschnittenen Zwiebeln andünsten. Die Champignons in Scheiben schneiden und dazugeben. Köcheln lassen und danach die Linsen hineingeben. Kurz nochmal aufkochen lassen mit Kräutern und Tamari, sowie Gemüsebrühe abschmecken. Auf 2 Teller den Reis verteilen und darüber das Gemüse geben.

Senfsuppe mit vegetarischen Würstchen

Zutaten:

Senf aus dem Naturkostladen

Vegetarische Würstchen

Petersilie

1 Stange Porree Lauch

Curry

Tamari

Maismehl

4 Esslöffel Sahne

1 Liter Gemüsebrühe aufgelöst in Wasser

1 Dose Erbsen mit Karotten

Zubereitung:

Den Porree kleinschneiden und in eine Pfanne geben. Gut blanchieren. Die vegetarischen Würstchen mit zum Porree geben und kurz anbraten. Einen großen Topf mit der Gemüsebrühe füllen, der Dose Erbsen und den Senf hinein rühren. Aufkochen lassen und mit dem Curry, Tamari und Petersilie abschmecken.

Das Maismehl drüber streuen und mit dem Schneebesen gut umrühren, weiter köcheln lassen. Dann den Porree hinzugeben. Die Würstchen in Scheiben schneiden und auch hineingeben, kurz köcheln lassen und alles umrühren. Nun noch die Sahne unterrühren und auf 2 tiefen Tellern servieren. Jeweils ein Petersilienblatt in die Mitte als Dekoration legen.

Gefüllte Kohlrabiblätter mit veganer Bolognese

Zutaten:

Einige Kohlrabiblätter

100g Pikante Tomatensauce im Glas

200g vegane Bolognese

Tamari

Bohnenkraut

Thymian

Zubereitung:

Die Kohlrabiblätter mit kochendem Wasser übergießen, einen Moment im Sieb abtropfen lassen und kurz etwas abkühlen lassen. Dann die vegane Bolognese fertig mit Tomatensauce und den Kräutern vermischen und mit Tamari abschmecken. Immer ein Kohlrabiblatt nehmen und die Bolognese drauf streichen, so dass es möglichst ganz bedeckt, aber nicht zu dick bestrichen ist und vorsichtig zusammenrollen. Alle nebeneinander in eine Auflaufform geben und im Ofen bei 180 Grad ca. 10 Minuten backen. Auf 2 Tellern servieren.

Tipp: Hierzu passen Kartoffeln oder Reis.

Mixed Pickles Suppe

Zutaten:

2 Dosen passierte Tomaten

Tomatenmark

1 Knoblauchzehe

2 Esslöffel Sahne

1 kleines Glas eingelegte Cornichons

1 kleines Glas mixed pickles

1 Zwiebel

Curry

Thymian

Olivenöl

1-2 Esslöffel Ahornsirup

Tamari

Brot zum Servieren.

Zubereitung:

Die passierten Tomaten mit 2 Cornichons und 1 Knoblauchzehe mixen. Dann die Zwiebel kleinschneiden und in einem Topf mit etwas Olivenöl kurz anbraten. Tomatensauce mit Tomatenmark, den Zwiebeln, in einen großen Topf geben und zum Kochen bringen. Die eingelegten

Gurken in Scheiben schneiden und mit den ganzen Mixed Pikles in die Suppe geben. Kochen lassen und mit Curry, Ahornsirup und Thymian würzen. Die Sahne unterrühren und kurz kochen lassen, dann vom Herd nehmen und auf 2 tiefe Teller verteilen. Dazu serviert man Brot.

Leckere „Reste" Gerichte:

Sahne Dill Kartoffeln mit Würstchen-Gemüse

Zutaten:

6 Kartoffeln vom Vortag (nicht zu mehlige Sorte)

Sahne

Dill

1 Zwiebel

Meersalz und Pfeffer

Vegetarische Würstchen

200g Tomatensauce pikant

Ketchup

Thymian

200g tiefgefrorener Brokkoli oder Blumenkohl

Olivenöl

Zubereitung:

Die Kartoffeln in Würfel schneiden und kurz mit der Zwiebel anbraten. Dann den Dill fein schneiden und mit der Sahne hinzugeben. Gut umrühren und kurz köcheln lassen. Mit Salz und Pfeffer abschmecken und abgedeckt in einer Schüssel beiseite stellen. Die Würstchen in dieselbe Pfanne geben und mit Olivenöl kurz anbraten. Dann mit dem Messer in Stücke schneiden und Tomatensauce, Ketchup, und tiefgefrorenes, kleingeschnittenes Gemüse hinzufügen. Alles umrühren mit Thymian und mit Salz und Pfeffer abschmecken. Die Kartoffeln auf die 2 Teller verteilen und das Würstchen-Gemüse daneben geben.

Nudel-Rote-Bete Auflauf

Zutaten:

Ca. 4 Hände voll Nudeln vom Vortag

1 Glas eingelegte Rote Beete

1 kl. Gläschen eingelegte Kapern

1 Creme Fraiche Kräuter

Goudakäse

Tamari

Frischer Basilikum

Butter

Zubereitung:

Eine Auflaufform einfetten. Erst die Nudeln in die Form geben. Darüber die Kapern streuen und das Creme Fraiche in Flocken drübersetzen und mit Tamari würzen. Die eingelegte Rote Beete in dünnen Scheiben darüber verteilen. Und den Goudakäse klein raspeln und drüberstreuen und mit frischen Basilikumblättern dekorieren. Im Ofen backen bei 180 Grad, bis oben der Käse beginnt zu bräunen. Servieren.

Süße Gerichte

Gebackener süßer Butterreis mit Kokosnuss Rosinen und Camembert

Zutaten:

Ca.4 Hände voll Reis vom Vortag

Butter

3 Esslöffel Sahne

1 Esslöffel Honig

2 Tassen Kokosflocken

1 Hand voll Rosinen

2 Camembert

Zubereitung:

In einer Pfanne mit nur wenig Fett die Kokosflocken und die Rosinen geben, beides gut anbräunen und knusprig braten. Den Reis hinzugeben und ebenso kurz anbraten. Eine Auflaufform mit Butter einfetten, und mit der Kokos-Reismischung füllen. Glattstreichen und Butterflocken drüber verteilen. Die Sahne mit dem Honig in einer Tasse verrühren und darüber gießen. Den Camembert in Scheiben schneiden und diese über den Auflauf verteilen. Im Backofen so lange backen, bis der Käse oben bräunt. Auf 2 Tellern servieren.

Camembert-Aprikosenbrote

Zutaten:

4 Scheiben Vollkorntoastbrot

1 Packung getrocknete Aprikosen, eingeweicht und abgegossen

2 Camembert

Zubereitung:

Die über Nacht eingeweichten Aprikosen zur Hälfte mit der Gabel zerdrücken, die andere Hälfte in kleine Stücke schneiden und beides miteinander vermischen. Das Vollkorntoast mit den Aprikosen bestreichen und auf ein gefettetes Backblech legen. Den Camembert in Scheibchen drüber verteilen. Im Backofen backen, bis der Käse oben leicht bräunt. Gleich servieren.

Warme Haferflocken Crunchies mit Trockenfrüchte-Kompott und Joghurt

Zutaten:

Haferflocken

Butter

Getrocknete Aprikosen, eingeweicht

Getrocknete Pflaumen, eingeweicht

Getrocknete Datteln, eingeweicht

Joghurt

1 Esslöffel Mehl

2 Esslöffel Sahne

Honig

Zubereitung:

Die Haferflocken mit etwas Honig in einer Pfanne mit zerlassener Butter knusprig braten. Die eingeweichten Trockenfrüchte abgießen und in Würfel scheiden. Alle Kerne müssen bei den Trockenfrüchten dabei erst entfernt werden. Dann in einen kleinen Topf geben und erwärmen. Wenn sie gut erhitzt sind, das Mehl drüberstreuen und die Sahne drübergeben. Nur kurz ankochen, unter ständigem Rühren mit dem Schneebesen. Topf vom Herd nehmen. Den Joghurt mit etwas Honig verrühren. Auf 2 Teller verteilen, auf die eine

Seite die Trockenfrüchte platzieren auf die andere Seite den Joghurt und über alles die Haferflocken Crunchies dekorativ verteilen.

42

Hirsebrei mit Aprikosen

Zutaten:

5 Esslöffel Hirseflocken

¼ Liter Milch

Getrocknete Aprikosen, über Nacht eingeweicht

Auf Wunsch: brauner Zucker und Zimt

Zubereitung:

Die Milch kochen, die Hirseflocken mit dem Schneebesen unterrühren. Kurz weiter kochen dann vom Herd nehmen mit braunem Zucker etwas süßen. Die getrockneten und eingeweichten Aprikosen abgießen und die Hälfte davon mit der Gabel zerdrücken, die andere Hälfte in Stücke schneiden. Den Hirse-Brei auf 2 Teller verteilen, die Aprikosenfrüchte darüber geben und mit Zimt und Zucker bestreuen.

Waldbeerensuppe mit Hirsekloss

Zutaten:

6 Esslöffel Hirseflocken

¼ Liter Milch

2 Esslöffel Sahne

Brauner Zucker

1 Packung ca. 400g gemischte tiefkühl Waldbeeren

Ahornsirup

Vanille

Zimt

Zubereitung:

Die Milch mit der Sahne zum Kochen bringen und die Hirseflocken hineinrühren. Nur kurz kochen, dann vom Herd nehmen und abgedeckt stehen lassen. Mit Vanille und Ahornsirup würzen. Die aufgetauten Waldbeeren zur Hälfte im Mixer kleinmixen, die andere Hälfte so lassen und beides zusammen in einem Topf erhitzen. Mit Ahornsirup, braunem Zucker und Zimt abschmecken. In 2 tiefe Teller füllen und die Hirse jeweils als „Kloß" in die Mitte setzen. Mit Zimt und Zucker bestreuen. (Wenn man eine Beere übriggelassen hat, kann man die oben drauf dekorieren)

Gefüllte Zimt-Nuss-Birnen

Zutaten:

4 Birnen

Zimt

Mandeln, gemahlen

Carobcreme-Aufstrich aus dem Naturkostladen

Haferflocken, feine

Datteln

Zubereitung:

Die Birnen entkernen und in Hälften schneiden. Ein wenig das Kerngehäuseloch vergrößern. Aber nicht zu sehr. In einem kleinen Schüsselchen die Haferflocken, Mandeln, Carobcreme, die geschnittenen Datteln gut vermengen. In die Birnenhälften füllen, mit Zimt bestreuen und im Backofen bei 180 Grad backen. Auf 2 Teller servieren.

Tipp: Hierzu passt etwas Sahne oder Joghurt. Oder Reis mit Zucker und Zimt bestreut und mit etwas Sahne übergossen.

Brokkoli-Ricotta mit Salat

Zutaten:

500g Brokkoliröschen

Ca. 400g Ricotta in 4 Kleinfingerdicke Scheiben geschnitten

1 Glas in Knoblauchöl und Oregano eingelegte schwarze Oliven

Salat

Zubereitung:

Den festen Ricotta-Käse in fingerdicke Scheiben geschnitten in der Pfanne mit Olivenöl geben und mit Brokkoliröschen beidseitig kurz blanchieren. Beiseite stellen und warmhalten. Als Beilage kann man in Knoblauchöl und Oregano eingelegte schwarze Oliven essen und Salat.

Tomatensuppe, italienisch

Zutaten:

2 kg Tomaten

Zwiebel

Oregano

Knoblauch (auf Wunsch)

Meersalz

Petersilie, glatte Sorte

Basilikum (für die Dekoration ein paar Blätter übrig lassen)

Dazu serviert man Brot

Zubereitung:

Die Tomaten in einen Mixer geben und kleinmixen. Zwiebel und Knoblauch kleingeschnitten in einem großen Topf in Olivenöl andünsten lassen. Dann die gemixten Tomaten hinein füllen. Gut umrühren. Mit Salz und Oregano würzen. Petersilie kleinschneiden und Basilikum in kleinen Blättchen hinzugeben. Aufkochen lassen, dann nur noch leicht köcheln lassen und vom Herd nehmen. In 2 tiefe Teller servieren und Brot dazu reichen.

Zucchini-Gemüse italienisch

Zutaten:

1 Zucchini

Meersalz

Gemahlener Pfeffer

Oregano

300g Penne Nudeln

200g reife Picadily Tomaten

Zubereitung:

Die Nudeln im kochenden Salzwasser gar kochen (ca. 10 min.). Zucchinis schälen und in Scheiben schneiden. In eine Pfanne geben mit Knoblauchstücken und mit wenig Olivenöl dünsten bis sie leicht bräunen und mit Salz würzen. Die Nudeln absieben und in eine Kasserolle geben. Die Picadilly Tomaten darüber kleinschneiden und unterrühren. Dann die fertige Zuccchini drüber geben. Oregano, eine Prise Pfeffer im Gericht unterrühren und servieren.

Frühlingshafter Sprossen Genuss

-holen Sie sich mit viel grünen-Sprossen schon mal
etwas Frühling ins Haus!-

Buntes Sprossengemüse mit Brot

Zutaten:

1 Handvoll Mungosprossen

1 Glas Champignons

1 Zwiebel

200g Tomatensauce

1 Dose Mais

1 Dose Kidneybohnen

Apfelessig

Sojasauce

Ahornsirup

Curry

Kräuterbutter

Brot

Olivenöl

Zubereitung:

Zwiebel in etwas Olivenöl dünsten, bis sie anbräunen. Den Mais, die Kidneybohnen, die Champignons sowie die Mungobohnen hineingeben. Umrühren und kurz köcheln lassen. Die Tomatensauce hinzugeben und unterrühren. Etwas weiter köcheln lassen. Nun mit Ahornsirup, Sojasauce und

Curry abschmecken. Ein bis zwei Brotscheiben mit Kräuterbutter bestrichen pro Person auf einen Teller geben und darüber das Sprossengemüse verteilen.

52

Kapern-Sahne-Kartoffeln im Kresse-Salat-Nest

Zutaten:

Ca. 6 Kartoffeln vom Vortag

1 kl. Gläschen Kapern

4 Esslöffel Sahne

Suppengewürz

1 große Handvoll Kressekeimlinge

1 große Handvoll Brokkolikeimlinge

Gemischte Salatblätter

Joghurtdressing nach Wahl

Butter

Zubereitung:

Die Keimlinge auf 2 Teller am Rand mit den Salatblättern dekorieren und beiseite stellen. Die Kartoffeln in Würfel schneiden und in eine Pfanne mit Butter geben. Vorsichtig anbraten, damit sie nicht „zerfallen", umwenden. Dann die Sahne und die Kapern hinzugeben und mit Suppengewürz abschmecken. Nur kurz köcheln lassen, dann auf die Teller neben die Salatblätter und Kresse servieren. Ein Salatdressing Joghurt über die Blätter/Keimlinge geben.

Überbackene Sprossen-Paprikaschiffe

Zutaten:

4 kleinere rote Paprika

1 kleine Handvoll Mungosprossen

1 kleine Handvoll Linsenkeimlinge

100g Cashewnüsse

100g grüne Bohnen aus der Dose

1 kleine Zucchini

2 Knoblauchzehen

Bohnenkraut

Goudakäse

3 Esslöffel Curry-Ketchup

Sojasauce

Zubereitung:

Die Paprikas hinlegen mit der Öffnung zur Seite und alle längs einmal durchschneiden. Dann aushöhlen und entkernen. Eng am Strunk, das Ende herausschneiden. Im Backofen auf einem Blech bei 180 Grad vorbacken, bis die anderen Zutaten fertig sind. Die Zucchini schälen und in kleine Würfel schneiden. In einer Pfanne mit Olivenöl blanchieren. Die kleingeschnittenen Knoblauchzehen hinzugeben und mit dünsten. Dann die Bohnendose hinzugeben. Köcheln lassen und mit Curry-Ketchup und den Keimlingen verrühren. Mit Sojasauce abschmecken. Die Cashewnüsse mit einer Nussmühle malen und mit dem Gemüse verrühren. Die Paprikas aus dem Ofen nehmen und mit dem Gemüse füllen. Den Goudakäse reiben und drüberstreuen. Im Backofen weiter 10 Minuten backen, bis der Käse bräunt. Dann auf 2 Teller servieren.

Frühlingssprossen mit Joghurtsauce und Schmorkartoffeln

Zutaten:

1 Stange Porree-Lauch

500g Kartoffeln

Butter

Sahne

2 Knoblauchzehen

1 kleine Zwiebel

Frischer oder getrockneter Dill

½ Tasse gelöste Gemüsebrühe

1 Esslöffel Mehl

Worcestersauce

1 Joghurt natur

3 Esslöffel Curry Ketchup

1 Handvoll Kresse

1 Handvoll Brokkolikeimlinge

Zubereitung:

Die Kartoffeln in dünne Scheiben schneiden und mit Butter in eine Pfanne geben und bei starker Hitze braten, dabei ständig umrühren, das nichts anbrennt. Den kleingeschnittenen Porree, die fein geschnittenen Knoblauchzehen sowie die in Würfel geschnittene Zwiebel hinzugeben und mit braten. Den Esslöffel Mehl drüberstreuen. Die halbe Tasse Gemüsebrühe hinzugießen. Mit einem Schneebesen gut dabei umrühren. Die Hitze etwas reduzieren und weiter köcheln lassen, mind. 10 Minuten, bis die Kartoffeln gar sind. Mit kleingeschnittenem Dill und Worcestersauce würzen und die Sahne hinzugießen. Einen kleinen Moment noch weiter kochen, dann vom Herd nehmen. Den Joghurt mit kleingeschnittenem Dill und dem Curry Ketchup verrühren Mit der Worcestersauce abschmecken. Die Kartoffeln auf 2 Teller verteilen. Die Keimlinge miteinander vermischen und daneben geben. Die Joghurtsauce jeweils über die Keimlinge geben.

Sprossen-Gemüsepfanne

Zutaten:

1Glas Bambussprossen

1 Handvoll gekeimte Linsen

Gekeimte Mungosprossen

1 Dose Kidneybohnen

1 Dose Mais

200g Tomatensauce süß-sauer im Glas

1 Glas grüne, gefüllte Oliven

Eine Handvoll gesalzene Erdnüsse

Eine Handvoll Spinat

1 rote Zwiebel

Meersalz und Pfeffer

Zubereitung:

Die Zwiebel in einer großen Pfanne braten. Dann die Kidneybohnen hinzugeben, den Mais, die gekeimten Sprossen, die Tomatensauce, die Oliven, die Erdnüsse, leicht gehackt oder halbiert sowie den Spinat. Alles zusammen einmal aufkochen, mit Salz und Peffer abschmecken. Dann auf 2 Teller servieren. Dazu reicht man Brot

Hirsebrei mit Paprika Sprossengemüse

Zutaten:

5 Esslöffel Hirseflocken

¼ Liter Milch

Gemüsebrühe

Butter

1 rote und 1 gelbe Paprika

6-8 Champignons

1 große saure Gurke

1 Handvoll Mungosprossen

1 Glas Bambussprossen

1 Esslöffel Mehl

½ Poree

Italienische Kräutermischung

Geröstete Zwiebeln

Meersalz und Pfeffer

Zubereitung:

Die Milch kochen lassen und die Hirseflocken einrühren. Gut umrühren und dabei kochen lassen. Mit Gemüsebrühe würzen und vom Herd nehmen. Noch einen Klecks Butter hineinrühren. Abdecken und beiseite stellen.

Die Paprikas und den Porree sehr fein schneiden. In eine Pfanne geben und andünsten dann mit Mehl bestreuen und die Gemüsebrühe hinein füllen. Gut umrühren und die Bambussprossen sowie die Mungosprossen hineingeben und die Champignons. Nochmals umrühren. Mit Salz und Pfeffer abschmecken und mit italienischer Gewürzmischung würzen. Den Hirsebrei auf 2 Teller verteilen und das Gemüse daneben geben. Die geröstete Zwiebeln über den Hirsebrei streuen.

Mungokeimlinge mit warmen Sahne-Sauerkraut

Zutaten:

Sauerkraut

Mungokeimlinge

1 Dose Mais

1 Dose Champignons

4 Esslöffel Tomatensoße aus dem Glas

1 Esslöffel Sahne

Tamari

Zubereitung:

Das Sauerkraut in eine große Pfanne mit etwas Sahne zum leichten köcheln bringen und mit Tamari würzen. Herausnehmen und beiseite stellen. In dieselbe Pfanne die Keimlinge mit dem Mais und den Champignons geben. Mit der Tomatensoße verrühren und zum kurzen Kochen bringen. Leicht köcheln lassen und mit Tamari abschmecken. Auf 2 Tellern verteilen, zur einen Seite den Sauerkraut zur anderen Seite das Gemüse geben.

Porree-Sahne-Sprossen Gemüse

Zutaten:

2 Porree Stangen

Sahne

Gemüsebrühe

Erdnüsse

Jeweils eine Hand voll Mungokeimlinge, Linsenkeimlinge

200g gekochtes Rest-Gemüse vom Vortag (Blumenkohl, Brokkoli oder Erbsengemüse)

1 Esslöffel Mehl

Zubereitung:

Den Lauch in kleine Ringe schneiden und in eine Pfanne geben und mit den nur leicht gehackten Erdnüssen gut anbraten. Mit dem Mehl bestäuben und die Sahne und Gemüsebrühe hinein füllen. Dabei gut umrühren. Dann die Keimlinge, das kleingeschnittene Rest-Gemüse hineingeben und kochen lassen, bis das Rest-Gemüse gar ist. Mit Gemüsebrühe abschmecken und servieren.

Tipp: Hierzu passt Brot oder Reis oder Kartoffeln.

Überbackene Kresse Brote mit Ziegenkäse

Zutaten:

4 Vollkornbrote

2 Äpfel

3 Kartoffeln vom Vortag

1 Creme Fraiche, Kräuter

Tamari

Tomatenmark

1 große Hand voll Kresse

1-2 Ziegenkäse

Pfeffer

Zubereitung:

Die Äpfel kleinschneiden. Die Kartoffeln vom Vortag würfeln und mit den Äpfeln in eine kleine Schüssel geben. Die Creme Fraiche das Tomatenmark hinzugeben und alles gut vermengen. Mit Tamari und Pfeffer abschmecken. Über die 4 Scheiben Brot gut verteilen und glattstreichen. Dann die Hälfte der Kresse darüber streuen und den Ziegenkäse in dünne Scheiben schneiden und drüber legen. Entweder neben einander, dann braucht man 2 Käse oder man legt nur die Scheiben über Kreuz, dann braucht man nur einen Käse. Im Backofen bei 180 Grad backen, bis der Käse oben drauf etwas

anbräunt. Jedem 2 Scheiben Brot auf den Teller geben und in
die Mitte jeweils noch ein Büschelchen Kresse legen.

Kichererbsenbrei mit scharfem Ananas-Sprossengemüse

Zutaten:

Kichererbsen gekeimt (über Nacht gekeimt)

Gemischte Sprossen nach Wahl (z.B. Linsensprossen, Mungokeimlinge, Sojakeimlinge)

1 Dose Ananas, abgetropft

Tomatenmark

Chili

Tomatensauce, scharf (pikant), im Glas

Meersalz und Pfeffer

Gemüsebrühe

Olivenöl

Zubereitung:

Die Kichererbsen im Mixer mit etwas Tomatensauce und ¼ Liter Gemüsebrühe mixen. Dann in einen Topf geben und erhitzen. Mit Salz und Pfeffer abschmecken und vom Herd nehmen, abdecken und beiseite stellen. Die Sprossen in der Pfanne mit Olivenöl leicht anbräunen. Restliche Tomatensauce, Tomatenmark, Chili, Ananas und Gemüsebrühe vermengen und ein paar Minuten köcheln lassen. Auf 2 Tellern nebeneinander das Gemüse und den Kichererbsenbrei anrichten.

Avokadokeimlingsauce mit gebackenen Käseecken

Zutaten:

2 Avocados, reif

Kokoswasser

1 Handvoll Brokkolikeimlinge

Alpfahlpha

Kresse und andere Sprossen

Meersalz und Pfeffer

1 Bund Petersilie, 1 Bund Dill

Zitrone

Toastbrot

Butter

Goudakäse

Zubereitung:

Das Toastbrot in der Diagonale durchschneiden, dass immer Dreiecke entstehen und diese auf einem Blech mit Butter bestrichen und dann mit der jeweiligen Hälfte die kleingeschnittenen Kräutern bestreuen und mit kleingeriebenen Käse im Ofen backen, bis sie schön anbräunen. Die Avocado im Mixer mit dem Kokoswasser und der Zitrone vermixen. In einem kleinen Schüsselchen mit den restlichen, kleingeschnittenen Kräutern sowie allen Keimlingen vermengen. Noch mit Salz und Pfeffer abschmecken. Auf 2 Teller verteilen. Auf die eine Seite vom Teller jeweils die Käseecken geben und auf die andere Seite die Avocado-Sprossen-Sauce.

Danke, dass du das Rezeptbuch gekauft hast, ich hoffe es ermöglicht Dir viel Zeit zu sparen, und den Abwasch zu minimieren.

Viele Grüße

Deine Mira

Die Inhalte dieses Werkes unterliegen dem deutschen Urheberrecht. Die Vervielfältigung, Bearbeitung, Verbreitung und jede Art der Verwertung außerhalb der Grenzen des Urheberrechtes bedürfen der schriftlichen Zustimmung des jeweiligen Autors bzw. Erstellers. Downloads und Kopien dieser Seite sind nur für den privaten, nicht kommerziellen Gebrauch gestattet.

Impressum:

Mira Brand

c/o Werneburg Internet Marketing und Publikations-Service

Philipp-Kühner-Straße 2

99817 Eisenach

Internet: www.Mira-Brand.de

Kontakt Email: mira@mira-brand.de

Bilder: Shutterstock & Pixabay Photographie

Hier ist der Link zu einem meiner Ebooks, dass nach eintragen in meine Emailliste gratis heruntergeladen werden kann.

http://miraebook.buch-autoren.de/

Made in the USA
Monee, IL
07 July 2026

56552446R00039